Petra Focke und Hermann Josef Lücker beschäftigen sich seit Jahren mit der Katechese und Begleitung von Jugendlichen. Immer wieder ist es ein Experiment, mit den jungen Menschen zu beten, diese einzuladen, dies zu praktizieren. Häufig fehlen Ideen, praktische Vorlagen, um das eigene, persönliche Gebet neu zu beleben; oder aber in Gemeinschaft mit Gott ins Gespräch zu kommen.

Die vorliegende Sammlung soll Mut machen, es wieder einmal zu wagen! Gott möchte gerne mit uns Menschen ins Gespräch kommen, deshalb ist es an der Zeit, diese Einladung anzunehmen und einen neuen Kontakt aufzubauen!

Viel Kraft und Zuversicht wünschen wir allen BETENDEN MENSCHEN! Zum eigenen Wohl, für eine bessere Welt und zur Ehre Gottes, der uns alle maßlos liebt.

Petra Focke

Das Gebet ist auf der einen Seite etwas ganz Persönliches, etwas Privates, etwas, worüber nicht gesprochen wird; andererseits wird aber auch gemeinsam und öffentlich gebetet.

Dort wo junge Menschen zusammen sind, Zeit und Leben miteinander verbringen, Frei-zeiten und Hoch-zeiten miteinander erleben, dort ist Beten angesagt.

Beten heißt: mein Leben anzuschauen, die Freude und den Kummer, meine Möglichkeiten und Grenzen, meine Hoffnungen und Enttäuschungen. Das ist überall und zu jeder Zeit möglich – ich muss es nur tun! Ich kann mit Gott reden, einfach nur so, zu ihm sprechen, erzählen, mit meinen Worten. Ich darf aber auch nur still sein, die Gedanken laufen lassen und spüren, dass Gott da ist.

Einer Freundin, einem Freund schreibe ich eine SMS, eine Mail, einen Brief; wir telefonieren, besuchen einander, treffen uns, lassen uns treffen; erzählen einander, wie es uns geht, zeigen Interesse füreinander; Gefühle, Gedanken, Träume und Wünsche werden ausgetauscht, Geheimnisse einander anvertraut. Manchmal gibt es Konflikte, Streit, Auseinandersetzungen, Türenknallen, Fluchen, Schweigen, Warten, ein Anruf, ein klärendes Gespräch,

Versöhnung –, ja all das zeichnet eine Freundschaft, eine lebendige Beziehung aus.

Hermann Josef Lücker

Beten – damit Gott ins Spiel kommt, meinen Alltag durchdringt, ein Gesicht bekommt, damit er nicht in Vergessenheit gerät, damit die Beziehung erhalten bleibt, die Freundschaft wächst, wie selbstverständlich dazu gehört, Teil meines, Teil deines Lebens ist, mich immer wieder erinnert, dass er da ist, für mich, für dich da ist.

Es sind Texte mitten aus dem Leben, mitten aus dem Alltag, mitten aus dem Herzen, die in diesem Jugendgebetbuch zum Ausdruck gebracht werden. Sie stoßen an, laden ein zum Atemholen, reizen zur Auseinandersetzung, zum gemeinsamen Gebet, zum eigenen Gespräch mit Gott.

Das wünschen wir dir und allen, die mit Gott ins Gespräch kommen wollen:

Mögest du Gott in deinem Alltag entdecken –

In Menschen, die dir begegnen,
in Ereignissen, die auf dich zukommen,
in Begegnungen, die dir widerfahren,
in Fragen, die gestellt werden,
in Sehnsüchte,
die in jedem von uns lebendig sind,
in Antworten, um die wir immer wieder ringen!

Beten

Beten
Danken
Loben
Bitten
Fluchen

Beten
Denken
Atmen und hier sein
Die eigenen Gedanken vernehmen
Mir selbst ganz nahe sein

Beten
Schweigen
Still werden
Innerlich ruhig werden
Die Gedanken loslassen

Beten
Hören
Es in sich laut werden lassen
In mich hineinhorchen
Gottes Stimme hören

Beten
Sprechen
Gedanken in Worte fassen
Sätze formulieren
Gott sprechen lassen

Beten
Spüren
Jetzt bin ich da vor dir
Gott ist mir nahe
Ganz tief in mir

Beten?

Mit Gott sprechen?
Über alles?
Gott, das finde ich manchmal ganz schwierig,
so einfach mit dir zu reden.
Ich habe kein Gegenüber!
Ich sehe niemanden.
Ich höre niemanden.
Ich spüre niemanden.

Und eigentlich habe ich gar keine Zeit!
Jedenfalls jetzt nicht!
Heute nicht!
Ich habe was Besseres vor!
Es gibt so viele Menschen,
die da sind,
die ich sehe,
die ich höre,
die ich verstehe,
mit denen ich reden kann,
über alles!

Über alles?
Oder doch nicht?
Sollte ich doch lieber mit dir sprechen?
Man sagt, du bist da,
obwohl ich dich nicht sehe,
dich nicht höre,
dich nicht verstehe,
dich nicht spüre!
Oder doch?
Bist du es mit dem
ich jetzt
spreche?

Gott,
ich bete,
weil ich glaube, dass du mich hörst.
Ich bete,
weil ich glaube, dass du mir hilfst.
Ich bete,
weil ich glaube, dass du mich nie allein
lassen wirst.
Ich bete,
weil ich glaube, dass du auf alle
Menschen aufpasst.

Gott,
jeder Mensch macht Fehler,
jeder Mensch hat gute Seiten,
jeder Mensch bereichert unser Leben,
jeder Mensch ist einmalig und wertvoll,
jeder Mensch hat seine Geheimnisse,
jeder Mensch ist geheimnisvoll,
jeder Mensch ist dein Geheimnis.

Gott,
ich glaube,
dass alles im Leben einen Sinn hat.
Ich glaube,
dass du uns diesen Sinn gibst.
Ich glaube,
dass du allein der Sinn unseres Lebens
bist.

Mein Gott
Beten?
Was soll ich beten?
Was soll ich dir sagen?
Was soll ich dich fragen?
Was willst du von mir?

Mein Gott
Das Beten fällt mir so schwer!
Es fehlen mir die Worte!
Ich kenne deine Sprache nicht!
Ich habe keine Idee!
Mir fällt nichts ein!

Mein Gott
Wo wohnst du?
Wo finde ich dich?
Wo bist du?
Wie erreiche ich dich?

Mein Gott
Was soll ich tun?
Einfach schweigen?
Einfach still sein?
Einfach reden?
Einfach bitten?
Einfach glauben?

Mein Gott
Wenn es dich gibt,
dann wirst du mich verstehen,
dann kann ich einfach
mit dir reden,
mit dir schweigen,
ohne Worte,
einfach so
mit all meinen
unausgesprochenen Gedanken,
einfach so
beten!

Ich habe keine Zeit
immer ist irgendetwas zu tun
da sind meine Freunde
die sind mir wichtig
da ist die Fete
die darf ich nicht verpassen
da ist die Schule
den Anforderungen muss ich
gerecht werden
da ist mein Job
wovon sollte ich sonst alles
bezahlen

Ich habe keine Zeit
immer ist irgendetwas zu tun
ich muss noch Musik hören
ich muss noch ein wenig schlafen
ich muss noch schnell telefonieren
ich muss noch den Film zu Ende schauen

Ich will mir Zeit nehmen
ich will mir Zeit nehmen für dich
ich will schon beten
ich nehme es mir vor
jedenfalls so hin und wieder
aber irgendwie
läuft mir die Zeit davon

Vielleicht
sollte ich mir heute Zeit nehmen
keine Zeit mehr verlieren
mir Zeit lassen
die Zeit so einteilen
dass noch Zeit
für dich bleibt

Vater unser im Himmel

Du sorgende Mutter
Du begleitender Weggefährte
Du väterlicher Freund

Geheiligt werde dein Name

Du bist unendlich wichtig und wertvoll
Deinen Namen will ich nie vergessen

Dein Reich komme

Eine Welt in der Frieden und Freiheit herrschen
Eine Welt in der Liebe und Solidarität eine wichtige Rolle spielen
Zeige uns deine Welt in der Platz für alle ist
Zeige uns deine Welt
wo Freude die Angst vertreibt

Dein Wille geschehe wie im Himmel so auf Erden

Auch wenn so manches nicht zu fassen ist
Auch wenn es so unsagbar schmerzt
Auch wenn wir lieber unseren Willen durchsetzen wollen
Auch wenn es angenehmer wäre
die Macht und Kontrolle zu behalten

Unser tägliches Brot gib uns heute

Das tägliche Brot der Liebe
Das tägliche Brot der Nähe
Das tägliche Brot des Friedens
Das tägliche Brot des miteinander Teilens
Das tägliche Brot der Heimat und Geborgenheit
Das tägliche Brot der Arbeit

Und vergib uns unsere Schuld

Wenn wir verletzende Worte sagen
Wenn wir Mitmenschen aus unserer
Gemeinschaft ausschließen

Wie auch wir vergeben unseren Schuldigern

Den Freund
der plötzlich nichts mehr mit mir zu tun
haben will
Die Nachbarin
die Unwahrheiten verbreitet
Den Eltern
die auch aus ihrer Haut nicht herauskommen

Und führe uns nicht in Versuchung

Dich aus unserem Leben zu streichen
Uns hinter Masken zu verstecken
Stehen zu bleiben und sich den
Anforderungen
des Lebens nicht zu stellen

Sondern erlöse uns von dem Bösen

Lehre uns die kleinen Schritte zu tun hin
zu einem friedlichen Miteinander
Schenke uns den Mut auf einander
zuzugehen

Denn dein ist das Reich und die Kraft
und die Herrlichkeit in Ewigkeit. Amen.

Dein Reich komme zu uns
in unseren kleinen Kreis
in unsere Gemeinschaften
da wo wir leben
Ja so soll es sein!

Beziehungen

Miteinander reden und lachen,
hören und zuhören,
aufmerksam einander wahrnehmen,
sich gegenseitig Gefälligkeiten erweisen,
zusammen Leben und Zeit teilen,
sich necken dabei,
Vertrauen schenken,
Grenzen achten,
nah sein und doch manchmal ganz fern,
aber auch einander sich Achtung
erweisen,
manchmal auch in den Meinungen
auseinander gehend,
einander belehren und voneinander
lernen,
Mut machen,
Zuversicht und Hoffnung vermitteln,
um Rat fragen und Rat geben,
die Abwesenden schmerzlich vermissen,
die Ankommenden freudig begrüßen,
Zeichen, die aus dem Herzen kommen,
die sich äußern in Worten und
wortlosen Gesten.
Gut,
dass es Menschen gibt,
die Seine Gegenwart sichtbar machen,
wo Seine Gegenwart
zu spüren und erfahren ist.
Gut,
dass es Dich gibt!

Du bist ein Freund für mich

Du bist
ein Freund für mich,
weil du immer sagst, was du auch meinst.
Manchmal einfühlsam und sensibel.
Manchmal direkt und deutlich,
wenn es sein muss;
und manchmal schweigst du auch nur.

Du bist
ein Freund für mich,
weil du mir Mut zusprichst;
weil du mich tröstest, wenn mir zum
Heulen zu Mute ist.
Du schenkst mir deine Nähe –
auch, wenn du nicht immer greifbar bist.

Du bist
ein Freund für mich,
weil du kritisch bist und wache Augen hast,
weil das sein muss für die Menschen und
die Welt.
Du redest nicht, machst keine großen Worte,
packst einfach an.
Das alles habe ich von dir gelernt.

Du bist
ein Freund für mich,
weil mit dir das Leben heller wird.
Du bist da, wenn ich dich brauche;
Du nimmst mich an –
mit all meinen Fehlern und Schwächen.
Du lebst mit mir, teilst deine Zeit mit mir,
teilst ein Stück Leben mit mir.
Danke, du Freund meines Lebens.

Begegnung
Ein erstes Lächeln,
ein flüchtiger Blick,
ein paar Schritte aufeinander zu,
ein Kopfnicken,
„Hi“ sagen.

Begegnung.
Sich zufällig treffen und darüber froh sein,
ein paar Worte wechseln,
einen Scherz machen,
befreites Lachen.

Begegnung.
Den gleichen Gedanken haben,
ein Stück Weg miteinander gehen,
sich verabreden,
miteinander etwas essen und trinken,
sich mögen.

Begegnung.
Gemeinsam etwas unternehmen,
miteinander sprechen,
das gleiche Ziel verfolgen,
einer Meinung sein,
sich auseinandersetzen.

Begegnung.
Menschen, die mich verstehen,
denen ich vertrauen kann,
die zuhören,
Menschen, bei denen ich ICH selbst sein darf,
Menschen, die mit mir auf dem Weg sind,
im Lachen und Weinen,
in hellen und dunklen Stunden,
im Geben und Nehmen,
im Danken und Bitten.

Begegnung.
Menschen auf dem Weg,
auf dem Weg des Glaubens.

Begegnung.
Viele gute Begegnungen,
Menschen, die ich gern habe
und die mich gern haben.
Schenke, Gott, mir solche Weggefährten.

Endlich habe ich einen Menschen gefunden,
einen, der mich in die Arme nimmt,
einen, der mich festhält und loslässt,
einen, der mit mir lacht ...

Endlich habe ich einen Menschen
gefunden,
der mich versteht,
auch wenn ich nicht spreche,
der mir zuhört, der auch redet,
der schweigen kann ...

Endlich habe ich einen Menschen
gefunden,
eine, die zu mir steht,
auch wenn ich Mist gebaut habe,
die hilft, ohne große Worte,
die für mich wie ein Licht am Ende des
Tunnels ist ...

Endlich habe ich einen Menschen
gefunden,
der mich mag,
mehr als ich mich selber -
mit Haut und Haaren, so wie ich bin,
der mich wertvoll macht, liebenswert ...

Endlich habe ich einen Menschen
gefunden,
einer, der offen und ehrlich mit mir spricht,
der mir auch mal seine Meinung sagt,
der mich anfragt,
hinterfragt,
einer, der mit mir auf dem Weg ist ...

Es gibt Tage, da habe ich das Gefühl,
alle mögen mich nicht.
Dann wäre es gut, wenn da jemand wäre,
der zu mir hält.

Es gibt Tage, da habe ich das Gefühl,
alle lachen über mich.
Dann wäre es gut, wenn da jemand wäre,
der zu mir steht.

Es gibt Tage, da habe ich das Gefühl,
ich bin unendlich allein.
Dann wäre es gut, wenn da jemand wäre,
der mit mir spricht und mir zuhört.

Es gibt Tage, da habe ich das Gefühl,
niemand interessiert sich für mich.
Dann wäre es gut, wenn da jemand wäre,
der mir zu verstehen gibt,
wie wertvoll ich bin.

Es gibt Tage, da habe ich das Gefühl,
ich schaffe es einfach nicht.
Dann wäre es gut, wenn da jemand wäre,
der mich ermutigt.

Es gibt Tage, da habe ich das Gefühl,
niemand versteht mich.
Dann wäre es gut, wenn da jemand wäre,
von dem ich mich verstanden fühle.

Es gibt Tage, da habe ich das Gefühl,
Glauben, das ist nichts für mich.
Dann wäre es gut, wenn da jemand wäre,
der überzeugt und begeistert seinen
Glauben weitergibt.

Herr, wir brauchen Menschen,
die die Angst der Mitmenschen sehen
und Hoffnung entgegensetzen.

Herr, wir brauchen Menschen,
die ihre Mitmenschen in ihrem Anderssein
gelten lassen.

Herr, wir brauchen Menschen,
die sich einsetzen, auch wenn es wehtut.

Herr, wir brauchen Menschen,
die uns zu einem Weg ermutigen und
einladen.

Herr, wir brauchen Menschen,
für die das gemeinsame Mitgehen auf
dem Weg das Ziel ist.

Herr, wir brauchen Menschen,
die einladen zu Gespräch und
Auseinandersetzung.

Herr, wir brauchen Menschen,
die uns nicht aufgeben,
die sich um uns sorgen.

Herr, wir brauchen Menschen,
die sich von dir berühren lassen.

Herr, wir brauchen Menschen,
die deine Liebe sichtbar und erfahrbar
machen.

Herr, wir brauchen Menschen,
vielleicht kann ich ja so ein Mensch sein!

Liebe erfahren wir
durch einen aufmunternden Blick,
durch ein Lächeln,
durch einen festen Händedruck,
durch eine zärtliche Umarmung.

Liebe erfahren wir
durch einen Menschen,
der mir meine Fehler nicht nachträgt,
durch ein Gespräch in der Hetze
des Alltags,
durch einen Menschen, der da ist,
wenn's drauf ankommt.

Liebe erfahren wir
durch einen Menschen,
dem ich vertrauen kann,
eine unerwartete Einladung in einer
dunklen Stunde,
ein Telefonat, das mich tröstet und
neuen Mut schenkt.

Liebe erfahren wir
ohne Worte,
ohne Bedingungen,
ohne Ansprüche.

Liebe erfahren wir
durch mich,
durch dich,
durch Gott.

Beziehung

Miteinander reden
Aufeinander hören
Zueinander kommen
Einander suchen
Ernst nehmen
Gutes zutrauen
Eine Chance geben
Voneinander lernen
Füreinander einstehen
Miteinander feiern
Gemeinsam loben und danken
Einander nicht aus den Augen verlieren
Einander an der Hand nehmen
Kennenlernen
Aufhelfen
Nicht vergessen
Gutes sagen

Die Brücke zum DU

Sie ist die Verbindung zum Anderen.
Getrenntes bringt sie zusammen.
Unüberwindbares lässt sich durch sie überwinden.
Das ist es, was wir brauchen:

Menschen,
die Brücke sind,
weil sie Getrenntes zusammenbringen.

Menschen,
die Brücke sind,
weil sie anderen Halt und Stütze geben.

Menschen,
die eine Brücke schlagen,
wenn der Mut zum Sprung
in eine ungewisse Zukunft fehlt.

Menschen,
die eine Brücke bauen,
wenn wir nicht mehr weiterwissen und
wir uns in der Dunkelheit verirren.

Menschen,
die Brücke sind für die Menschen,
weil sie zeigen was Leben ist und
was Leben in Fülle heißt.

Menschen,
die Brücke sind für Freunde,
ohne solche Brücken gäbe es
Freundschaften und Beziehungen nicht!

Menschen,
die Brücke sind,
weil sie uns für die Sache Jesu begeistern,
weil sie eine Brücke
zwischen mir und dir,
zwischen uns und Gott schlagen.

Liebe

Alle Taten des Menschen werden
heutzutage nur getan,
damit sie angesehen,
ja regelrecht geliebt werden.
Es scheint in der heutigen Welt
keine bedingungslose Liebe mehr zu
geben.
Deshalb bitte ich Dich,
nimm mich auf in deine Gemeinschaft
der Liebe!

Liebe

Viele Menschen sagen,
dass Liebe gleich Schmerz sei.
Schlechte Erfahrungen mit anderen
Menschen verleiten sie zu solchen
Aussagen.
Liebender Gott, ich bitte dich,
sende du mir deine Liebe und stärke mich
durch sie;
denn nur deine Liebe scheint wahr zu
sein und dauert ein Leben lang.

Liebe

Im Prinzip sind wir noch nicht ganz entwickelt.
Doch wir haben Gefühle wie Liebe,
die uns zu solchen
Gedanken, Sorgen und Ängsten verleiten.
Nur die Beziehung „Mensch-und-Gott“ ist eine Beziehung,
auf die wir uns verlassen können, denn in unserem jungen Leben werden wir noch oft mit Liebe und Schmerz zu kämpfen haben.

Liebe

Liebender Gott,
bald empfange ich das Sakrament der Firmung und bitte damit auch um die Festigung meiner ganz persönlichen „Mensch-und-Gott-Beziehung“.
Du wirst immer bei mir sein und vergibst mir auch meine Fehler. Nur solch eine Liebe ist als wahre Liebe zu bezeichnen. Amen.

Freizeit

Abschalten

Wenn du mal fünf Minuten Zeit hast,
weißt du, was du dann tun kannst?

Mal nachdenken!
Mal für Ruhe sorgen um dich herum.
Radio abstellen,
Fernseher ausmachen,
die Zeitschrift weglegen,
den Computer ausschalten,
das Handy beiseite legen.

Ausschalten!
Abschalten!

Innehalten!
Still werden!

Den vergangenen Tag befragen:
Dieser Tag war für mich
interessant und spannend, weil ...
Enttäuscht war ich über ...
Gefreut habe ich mich über ...
Dankbar bin ich für ...

Zeit

Zeit, so sagen wir oft,
Zeit müsste man haben!
Zeit für dieses.
Zeit für jenes.
Zeit für sich.
Zeit füreinander.
Zeit haben.

Zeit haben, heißt:
Die Uhr vergessen,
abschalten und ruhen,
sich entspannen,
Atem holen,
gut zu sich selber sein.

Zeit haben, heißt:
Ein Gespräch genießen,
ein spannendes Buch lesen,
ein Konzert anhören,
einen Trauernden trösten,
einen Kranken besuchen.

Zeit haben, heißt:
Gott einen Platz im Terminkalender geben,
mit ihm sprechen,
die Verbindung zu ihm nicht abreißen lassen,
still sein und hören.
Zeit haben:
Zeit für mich!
Zeit für dich!
Zeit für Gott!

Endlich

Habe ich
Zeit
Auszeit
Vom Alltag
Losgelöst
von all den Pflichten und Verpflichtungen
Weg von den vielen Kleinigkeiten
die es zu tun gilt
Keine Termine
Kein Programm
Kein Druck
Kein Stress
Freizeit
Freie Zeit
Für das Zusammensein mit anderen
Für Gespräche und Diskussionen
Für Begegnungen

Gemeinsame Zeit
Mit Menschen die ich noch nicht kenne
Mit Menschen die mich nicht kennen
Mit Menschen die mir vertraut sind
Mit Menschen denen ich vertraue
Zeit für Ruhe
Erholung
Stille
Pause
Endlich
Habe ich
Zeit
Für mich
Für dich
Für Gott

Was für ein spiel spiele ich

Was für ein spiel
spiele ich heute
das spiel
ich bin der mächtigste
ich bin der stärkste
ich bin die beste
ich bin die coolste

Welche rolle
übernehme ich heute
die rolle
komm mir bloß nicht zu nahe
lass mich heute in ruhe
ich habe alles im griff
mich kann nichts erschüttern

Hinter welcher maske
verstecke ich mich heute
hinter der maske
des souveränen
des angepassten
des beliebten
des anständigen

Ich kann spielen
ich kann rollen übernehmen
ich kann mich hinter masken verstecken

Aber
im grunde bin ich
ich
und
du willst
mich so wie
ich
bin

Riskiere es

Riskiere es
Es auch einmal anders zu machen
Dich auch einmal durchzusetzen
Anderen auch einmal beizustehen

Riskiere es
Gelegentlich aus der Reihe zu tanzen
Gelegentlich etwas vorzuschlagen
Gelegentlich deine Wünsche und Träume
zu äußern

Riskiere es
Immer wieder aufs Neue dich einzusetzen
Immer wieder deine Werte zu verteidigen
Immer wieder gegen den Strom zu
schwimmen

Riskiere es
Immer öfter auf etwas zu verzichten
Immer öfter dich zu entschuldigen
Immer öfter dir treu zu bleiben

Riskiere es
Immer wieder neu anzufangen
Immer wieder etwas Neues zu wagen
Immer wieder die Wahrheit zu sagen
Immer wieder andere für die Sache Jesu zu begeistern

Riskiere es
trau dich,
hab Mut!

Ich sehe das Meer vor meinen Augen:

Die Wellen rollen gegen das Ufer,
sie brechen und überschlagen sich,
fallen zusammen,
ziehen sich zurück,
formen sich neu,
um aufs Neue heranzurollen
und sich wiederum am Ufer zu brechen.
Jede dieser Wellen
ist auf ihre Art und Weise einzigartig,
sie hat ihre eigene Zeit,
ihre eigene Bewegung,
ihre eigene Größe,
ihre eigene Kraft.

Ich sehe das Meer vor meinen Augen:
An manchen Tagen schäumen die Wellen
kraftvoll, gewaltig,
unbändig, mächtig.
dann wieder ruhig, still, sachte.
Dieses Wechselspiel der Bewegungen,
diese Farben,
diese Energie.
Und irgendwann werden diese Wellen
in dem großen Ozean münden.

Herr,
lass mich sein wie die Wellen
und eines Tages
in dem Ozean deiner Liebe münden!

Das war wieder so ein Tag

Gott
Ein Tag
Den ich am liebsten aus dem Kalender
streichen würde
Den ich rückgängig und ungeschehen
machen würde
Ein harmloses Gespräch
Ein Missverständnis
Ein Streit
Tränen
Schweigen
Vorwürfe
Selbstmitleid
Zerwürfnis
Warten
Auf einen Anruf

Jeder
Wartet auf den
Anderen
Und
Dann
Gehe
Ich den
Ersten Schritt
Ein klärendes Gespräch
Miteinander Reden
Verzeihen
Einen Schlussstrich ziehen
Neu anfangen
Das war wieder so ein Tag
Gott
Den es immer wieder geben wird

Träume

Herr, ich danke dir,
weil es schön ist, jung zu sein.
Ich danke dir,
dass ich mich freuen kann,
über ein Lächeln, das mir gilt,
über eine Hand, die nach meiner Hand
sucht.
Ich danke dir,
dass ich Freude habe, an einem
Menschen,
zu dem es mich hinzieht.
Ich danke dir,
für die Sehnsucht,
die mich gefangen nimmt und verwandelt.
Ich danke dir,
für die kleinen und großen Freuden,
die dem Alltag ihren unverzichtbaren
Glanz geben.
Ich danke dir,
für den Menschen, der für mich da ist
und der mich braucht –
nur,
weil ich bin.

Träume

Manchmal
möchte ich einfach nur träumen,
aufwachen, nur mich spüren,
allein sein,
mein Leben nach meinen Wünschen
und Träumen gestalten.

Manchmal
möchte ich jemanden haben,
der mich versteht,
dem ich all meine Gedanken,
Ideen und Gefühle
anvertrauen kann.

Manchmal
möchte ich Zeit haben,
nur Zeit haben,
mich hinlegen,
Musik hören,
tun, was mir Spaß macht.

Manchmal
möchte ich die Welt auf den Kopf stellen,
etwas Unmögliches tun,
tun und lassen, was mir gefällt,
alle Grenzen überschreiten.

Manchmal
möchte ich glücklich und zufrieden sein,
tief innen in meinem Herzen,
strahlen und lachen können
und leben – einfach leben.

Fliegen

Freiheit
Weite
Unabhängigkeit

Fliegen möchte ich
Einfach davonfliegen
Alles hinter mir lassen

Fliegen möchte ich
Die Sorgen um meine berufliche Zukunft
Die Probleme in meiner Familie
Den Stress bei der Arbeit

Fliegen möchte ich
Ausbrechen aus dem Alltagstrott
Abstand gewinnen vom Einerlei
Loslassen von falschen Sicherheiten

Fliegen möchte ich
Eine andere Perspektive wahrnehmen
Einen anderen Blickwinkel haben
Frei sein von allen Zwängen

Fliegen
Davonfliegen

Stürzen
Fallen

Wie schnell
kann ich ins
Bodenlose fallen?

Gott,
wie ein Computer,
den ich hochfahren kann,
damit ich eine Verbindung zur Welt
bekomme,
kann ich eine Verbindung zu dir
bekommen.

Gott,
wie ein Handy,
das ich einschalten kann,
damit ich Kontakt mit anderen aufnehme,
kann ich Kontakt mit dir aufnehmen.

Gott,
wie eine Taschenlampe,
die leuchtet und strahlt,
die mir den Weg in der Dunkelheit zeigt,
zeigst du mir den Weg zu dir.

Gott,
wie eine wunderschöne Ansichtskarte,
die ich verschicke,
damit alle Welt sieht, wie gut es mir geht,
lass ich dich wissen, wie gut es mir geht.

Gott,
wie ein gutes Buch,
das mich ablenkt von den Sorgen und Nöten
des Alltags,
das ich mit Begeisterung lese,
kannst du mich begeistern.

Gott,
wie eine CD,
die ich auflegen kann,
um die verschiedenen Melodien zu hören,
höre ich deine Melodie der Liebe und
Zuwendung.

Wie angenehm wäre es, Herr,
wenn ich überall die Beste wäre!
Die Anderen würden meine Wünsche
erfüllen,
und ich könnte sie herum kommandieren,
könnte das machen, was mir gefällt!

Wie schön wäre es, Herr,
wenn mich alle bewundern und achten
würden!
Sie würden mich wie
eine Respektsperson begrüßen,
und ich könnte von oben auf sie herab
schauen!

Wie toll könnte ich leben, Herr,
wenn ich Taschen voller Geld besäße!
Die anderen würden ganz schön staunen,
und ich könnte mir alle Wünsche erfüllen
und alles kaufen!

Wie zufrieden wäre ich, Herr,
wenn ich tun und lassen könnte,
was ich wollte!
Die anderen hätten sich meinem Willen zu fügen und ich könnte sie für meine Interessen benutzen!

Aber ich weiß nicht, Herr:
Ist es das, was ich will?
Ist das Leben, lebendiges Leben?
Willst du nicht etwas anderes von mir?

Unterwegs

mit Menschen, die es gut mit mir meinen,
mit Freunden, mit Fremden,
mit Träumen, Wünschen, Ideen,
mit Ängsten, Sorgen, Belastungen, Nöten,
unterwegs mit dir, du mein Weggefährte.
Unterwegs mit dir, du mein Gott,
durch alle Höhen und Tiefen.

Unterwegs
mit mal mehr und mal weniger Toleranz,
mit der Bereitschaft, meine Mitmenschen
so anzunehmen,
wie sie sind,
mit meinen Ansichten und meiner
Meinung,
unterwegs mit dir, du mein Weggefährte.
Unterwegs mit dir, du mein Gott,
durch alle Höhen und Tiefen.

Unterwegs
mit meinen Ansprüchen und Bedürfnissen,
mit meinem Leistungsdenken und
meiner Wertschätzung anderen gegenüber,
mit meiner Rücksichtnahme und meiner
Bequemlichkeit,
unterwegs mit dir, du mein Weggefährte.
Unterwegs mit dir, du mein Gott,
durch alle Höhen und Tiefen.

Unterwegs
mit meinen Traurigkeiten und meinen Tränen,
mit meiner Zärtlichkeit und meiner
Sehnsucht,
mit meinem Alleinsein und
mit meinem Wunsch nach Gemeinschaft,
unterwegs mit dir, du mein Weggefährte.
Unterwegs mit dir, du mein Gott,
durch alle Höhen und Tiefen.

Sternstunden

Nach langer Krankheit
saß meine Freundin wieder neben mir.
Der Platz neben mir war endlich wieder besetzt!
Das war für mich eine Sternstunde!

Sternstunden

Nach vielen Bewerbungen bekam ich endlich doch noch eine Zusage und genau das, was ich mir auch vorgestellt habe.
Ich habe einen Ausbildungsplatz gefunden!
Das war für mich die Sternstunde meines Lebens!

Sternstunden

Endlich hatte er es eingesehen, mein Freund war so weit und hatte sich zum Entzug und zur Therapie entschieden.
Der erste Schritt zur Heilung.
Das war für mich eine Sternstunde!

Sternstunden

Jahre sind wir uns aus dem Weg gegangen.
Kein Kontakt, kein Telefonat, kein Besuch.
Nun hat mein Bruder den ersten Schritt getan und wir haben miteinander offen und ehrlich gesprochen.
Das war für mich eine Sternstunde!

Sternstunden

Kirche, Glaube, Religion, das war nichts für mich.
Und dann diese Begegnungen in Taizé.
Zufällig, einfach weil ich Spaß haben wollte, bin ich mitgefahren.
Eine unglaubliche Erfahrung!
Das war für die Sternstunde meines Lebens!

Familie

Manchmal ist da etwas,

das kann ich nicht beschreiben.
Manchmal fühle ich etwas,
das macht mich unsicher.
Manchmal spüre ich Distanzen,
die immer größer werden.
Manchmal interpretiere ich etwas,
und das hat dann mit mir persönlich zu
tun.
Manchmal sind es vielleicht nur
Missverständnisse,
die das Leben schwer machen.
Manchmal habe ich Angst,
und dann finde ich innerlich keine Ruhe.
Manchmal plagt mich mein schlechtes
Gewissen,
und lässt meine Gedanken nur noch
kreisen.
Manchmal

...
und dann ist es gut, dieses anzusprechen,
zu beschreiben, zum Ausdruck zu
bringen.

Wer bin ich?

wer bin ich wirklich?
jeden tag spiele ich meine rollen
jeden tag trage ich masken
die maske der überlegenheit
der stärke
der scheinbaren sicherheit
jeden tag verstecke ich mich
hinter fassaden
die menschen sollen mich nicht sehen
nicht erkennen
wer ich bin

wer bin ich?
wer bin ich wirklich?
ich fühle mich ganz tief im innern einsam
und allein
ich habe angst
angst es nicht zu schaffen
meinen weg nicht zu finden
ich versinke in dunklen gedanken
ungelöste fragen
umgeben mich

wer bin ich?
wer bin ich wirklich?
ich bin mir so fremd
ich fühle mich so unsicher
ich habe ansichten
die passen nicht in das konzept
unserer gesellschaft
ich möchte so anders sein
ich habe angst vor mir selbst
ich möchte ich selber sein
ich will glauben
das DU
mich führst

Gott,

manchmal sitze ich nur da und beobachte
die vielen verschiedenen Menschen:

Menschen,
die Angst machen,
und Menschen, die Angst haben.

Menschen,
die unterdrücken,
und Menschen, die unterdrückt werden.

Menschen,
die mich begeistern und fesseln,
und Menschen, die gefesselt werden.

Menschen,
die mächtig und stark sind,
und Menschen, die ohne Macht,
ohnmächtig sind.

Menschen,
die geachtet und geschätzt werden,
und Menschen, die verachtet werden.

Menschen,
die gesprächig und unterhaltsam sind,
und Menschen, die auf ein Gespräch warten.

Menschen,
die glaubwürdig sind,
und Menschen,
denen ich nicht glauben kann.

Gott,
manchmal frage ich mich,
was für ein Mensch ich bin?

Danke, mein Herr und Gott,
für jeden Tag, den du mir schenkst.
Für die vielen Freunde,
mit denen ich in schlechten und in guten
Zeiten über alles reden kann.

Danke, mein Herr und Gott,
für die Freude, die du jeden Tag schenkst.
Dir kann ich alles sagen,
das was mich freut
und was mich traurig macht,
das, was am Tag gut und was nicht so
gut gelaufen ist.

Danke, mein Herr und Gott,
das du immer bei mir bist,
wenn ich in Not bin und dich brauche,
wenn ich einfach nicht mehr weiter weiß.

Danke, mein Herr und Gott,
für meine Familie,
die mich begleitet, unterstützt,
auf die ich mich verlassen kann,
die nicht immer einer Meinung mit mir
ist, aber dennoch zu mir steht.

Danke, mein Herr und Gott,
für deine maßlose Liebe,
die mir immer wieder das Gefühl von
Geborgenheit und Zuversicht schenkt,
die mir immer wieder eine neue Chance
schenkt.

Danke, mein Herr und Gott,
dass du mir Hoffnung gibst,
jeden Tag mit Freude zu beginnen und zu
beenden,
ohne Angst zu haben,
denn ich weiß,
Gott, du bist bei mir und du liebst mich –
immer!

Erwachsen werden ...

Das ist nicht immer einfach!
Meine Gefühle drehen sich im Kreis.
Heute bin ich super gut zufrieden,
morgen verbringe ich den Tag auf dem Bett liegend,
den Tränen nahe, keinen Sinn sehend.
Dann wieder bin ich launisch und ungerecht meinen Mitmenschen gegenüber.
Meine Familie hat es nicht immer einfach mit mir.
Auch in der Schule ist es nicht immer einfach, die geforderten Leistungen zu bringen.
Manchmal habe ich das Gefühl,
es einfach nicht zu schaffen,
der Druck, die Erwartungen sind enorm hoch.

Erwachsen werden ...

Viele Fragen sind in mir, auf die ich keine Antwort weiß.
Ängste, Sorgen, Nöte,
wie meine Zukunft wohl aussehen mag?
Das große Geld verdienen,
die Welt verbessern,
Gesellschaft verändern –
ob ich jemals den Mut finde?
Gott sei Dank,
geht es den anderen genauso.
Ich bin nicht allein
auf dem Weg zum Erwachsenwerden.
Lass mich wachsen,
lass mich erwachsen werden!

Gott

Ich brauche einen Menschen,
der mir zuhört.
Ich brauche einen Menschen,
dem ich vertrauen kann.
Ich brauche einen Menschen,
der mich mag.
Ich brauche einen Menschen,
der ehrlich ist.
Ich brauche einen Menschen,
auf den Verlass ist.
Ich brauche einen Menschen,
der Verständnis für mich hat.
Ich brauche einen Menschen,
der mir Geborgenheit schenkt.
Ich brauche einen Menschen,
mit dem ich reden kann.
Ich brauche einen Menschen,
der mir etwas zutraut.
Ich brauche einen Menschen,
der mich ermutigt.
Ich brauche einen Menschen,
und habe Jesus vor Augen.
Gott
Ich brauche dich.

Gut,
dass es
dich gibt.

Was wäre
die Welt
ohne
deine Stimme,
deine Ideen,
deine Worte,
deine Fähigkeiten,
dein Lachen,
deine Freude,
deine Meinung,
deine Stärken,
deine Schwächen?
Dasselbe,
sagst du.

Vielleicht,
aber du
würdest
auf jeden Fall
fehlen.

Gut,
dass es
dich gibt.

Scherben

Da ist etwas kaputt.
Da ist etwas zerbrochen.
Da ist etwas nicht mehr ganz.
Da ist etwas beschädigt.
Da ist etwas zerstört.
Da ist etwas unbrauchbar.

Scherben

Scherben in meinem Leben:
Die Beziehung – ausgebrannt.
Die Ehe – scheitert.
Die Freundschaft – beendet.
Die Partnerschaft – zerbrochen.
Die Perspektive – begraben.
Die Liebe – enttäuscht.
Das Vertrauen – missbraucht.

Scherben
Sie schmerzen.
Sie tun weh.
Sie verwunden.
Sie verletzen.
Sie bohren.

Scherben
Mein Leben.
Meine Träume.
Meine Wünsche.
Mein Zuhause.

Scherben
Gott,
hilfst du mir
beim Aufsammeln der Scherben?

Ich habe Angst

Angst vor Menschen,
die selbstbewusst und selbstsicher
auftreten,
die intellektuell diskutieren können,
die mir das Gefühl geben,
ich bin nur ein kleines Licht,
wo ich mich unsicher und verkrampft
fühle.

Ich habe Angst
Angst vor der Zukunft,
davor, was mich erwartet,
ob ich einen Ausbildungsplatz finde,
ob ich später einen Arbeitsplatz haben
werde.
Die Technik,
die wachsende Arbeitslosigkeit,
die zunehmende Verschuldung
und Verarmung,
ja, die machen mir Angst.

Ich habe Angst
Angst vor Entscheidungen,
die ich allein zu treffen habe,
die mir niemand abnehmen kann.
Die Frage, ob ich ausziehe, wegziehe,
woanders meine Zelte aufschlage,
quält mich immer wieder.

Ich habe Angst
Angst vor mir selber,
die mich immer mehr zu
einem einsamen Menschen macht,
die mich isoliert, weil ich mich zurückziehe,
mir nichts mehr zutraue, einfach kein
Selbstvertrauen mehr habe.

Ich habe Angst
Angst, dass man mich erkennt,
wahrnimmt wie ich wirklich bin,
meine Unsicherheit, meine Zweifel,
meine innere Unruhe, meine Sensibilität,
meine Masken und Rollen durchschaut,
Gott, ich habe einfach nur Angst!

G
l
a
u
b
e
n

Komm, du Heiliger Geist!

Komm, du Heiliger Geist, der Frieden schafft.
Komm, du Heiliger Geist, der Gemeinschaft stiftet.
Komm, du Heiliger Geist, der uns mutig macht.
Komm, du Heiliger Geist, der uns Trost schenkt.
Komm, du Heiliger Geist, der uns Hoffnung gibt.
Komm, du Heiliger Geist, der begeistert.
Komm, du Heiliger Geist, der uns aufbrechen lässt.
Komm, du Heiliger Geist, der Verständnis schafft.
Komm, du Heiliger Geist,
und lass uns Feuer und Flamme sein!
Komm, du Heiliger Geist,
und mache alles lebendig und bunt!
Komm, du Heiliger Geist,
und führe uns alle zusammen!
Komm, du Heiliger Geist,
und begeistere uns!

Let’s talk about Jesus!

Ist das noch „in“‘, frage ich mich?
Jesus Christus?
Ein Relikt aus längst vergangenen Zeiten?
Nur was für Fromme, für alte Menschen?
Nichts für moderne Menschen?
Diese Gedanken machen sich in mir breit.

Kann ich daran glauben, frage ich mich?
Da nimmt sich einer Zeit
für Ausgestoßene, für Alleingelassene,
für Betrüger, für Sünder,
für Menschen von der Straße!
Da ist einer so ganz anders als die
Mehrheit!
Da lässt sich einer unschuldig
ans Kreuz nageln!
Da steht einer von den Toten auf!
Nicht zu glauben!
Und das soll ich glauben?

Ich frage mich,
ob es dich wirklich gibt, heute noch?
Erzählen kann man mir viel,
aber glauben?
Das soll ich glauben?
Unglaublich!
Ich möchte glauben!
Aber meine Zweifel sind größer,
sind mächtiger.
Glaube mir Jesus,
es ist gar nicht so einfach,
dir zu glauben,
an Dich zu glauben!

Heute noch glauben?

Glauben – heute noch glauben?
Glauben in dieser Zeit?
Altmodisch!
Total out!
Ich doch nicht!
Geht an mir vorbei!
Interessiert mich nicht!

Glauben, dass
... eines Tages einer kommt,
der bedingungslos und
ohne Wenn und Aber liebt?
Der keine Gewalt anwendet?
Der sich solidarisch erklärt mit
den Arbeitslosen,
den Ausgestoßenen,
den Armen?

Der sich einsetzt,
sich stark macht für die, die keine Stimme
in unserer Gesellschaft haben?
Glauben, dass
... eines Tages einer kommt?

Glauben – das heißt für mich:

Begeistert sein für die Gemeinschaft;
Dankbar sein für mein Leben;
Ansteckend sein für diejenigen,
die aufgeben wollen.
Dazu benötige ich den Heiligen Geist!

Glauben – das heißt für mich:
Das Ja zu unserer Kirche sprechen;
Sie mit konstruktiver Kritik begleiten;
Aktiv in ihr mitzuarbeiten,
wo es meine Fähigkeiten und Pflichten
erlauben.
Dazu benötige ich den Heiligen Geist!

Glauben – das heißt für mich:
Den Traum von einer gerechteren Welt
zu Ende zu träumen;
Die Probleme des Nächsten zu sehen,
wahrzunehmen;
Den Anderen meine Zeit, meine Zuwendung
spüren lassen;
Nach Worten und Taten suchen, um mich
verständlich zu machen und verstanden zu
werden.
Dazu benötige ich den Heiligen Geist!

Dieses Licht

Schreit es in alle Welt hinaus,
posaunt es mit Pauken und Trompeten!

Dieses Licht
verdrängt das Dunkel!

Dieses Licht
schenkt uns Hoffnung!

Dieses Licht
schenkt uns Freude!

Dieses Licht
gibt uns Kraft, die Herausforderungen
des Lebens
zu bestehen!

Dieses Licht
will brennen in uns,
mit uns und durch uns!

Dieses Licht
hilft uns Zeugen und Zeuginnen
SEINER Liebe in der Welt zu sein!

Dieses Licht
ist Zeichen für Leben!

Dieses Licht
Jesus Christus
wird immer brennen!

Dein Geist weht, wo er will

Du lebst
Du träumst
Du glaubst
Du gehst deinen Weg
Schritt für Schritt für Schritt
Manchmal müde
Manchmal voller Elan und Energie
Du lebst
Begeistert?
Ohne Schwung?
Dein Geist weht, wo er will
Er treibt uns an, stärkt uns
Bringt uns in Bewegung
In Sturm und Feuersgluten:
eine stürmische Begrüßung
eine feurige Diskussion
ein begeisterter Applaus
Dein Geist weht, wo er will
Auch ganz leise und still:
Eine sanfte Umarmung
Ein kleines Zeichen der Anerkennung
Eine Geste der Zuwendung
Ein tröstendes Gespräch
Dein Geist weht, wo er will!
Dein Geist weht überall!

Jesus, ich glaube an dich!
Du bist Gottes Sohn.
Du wurdest Mensch für uns.
Du bist am Kreuz gestorben.
Du bist vom Tod erstanden.
Du kommst zu mir in der Hl. Kommunion.
Ich danke dir für deine Nähe!
Mein Herr und mein Gott,
ich glaube an dich!

Jesus, ich hoffe auf dich!
Du bist mein Freund.
Du bist immer bei mir.
Du hilfst mir, gut zu leben.
Du begleitest mich auf meinem Lebensweg.
Ich danke dir für deinen Segen!
Mein Herr und mein Gott,
ich hoffe auf dich!

Jesus, ich liebe dich!
Dein Herz ist offen für alle Menschen.
Du liebst mich so, wie ich bin.
Ich will oft an dich denken.
Ich will deinem Willen folgen.
Ich will meinen Nächsten lieben,
wie du sie liebst.
Ich danke dir für deine Liebe!
Mein Herr und mein Gott,
ich liebe dich!

Ich wünsche mir mehr Geist, du Heiliger Geist!

Heiliger Geist, du erleuchtest unsere Herzen,
damit wir unsere Berufung erkennen.
Ermutige uns,
auf den leisesten Ruf unseres Herzen zu hören.
Schärfe unser Bewusstsein,
dass jeder Mensch für dich wertvoll und wichtig ist.
Hilf uns,
die Gaben, die du uns geschenkt hast
zu entdecken und unsere Talente zu entfalten.
Zeige uns den Platz,
an dem du uns brauchst.
Schenke mir viel vom Heiligen Geist,
damit ich dich erkenne und entsprechend deinem Willen und meiner Freiheit handle.
Amen.

Ich spüre und erlebe dich

in Menschen,
die ehrlich und offen miteinander umgehen,
in Menschen,
die teilen, ihr Leben teilen, Zeit teilen,
sich mit-teilen,
in Menschen,
die glaubwürdig und echt leben,
in Menschen,
die begeistert aus dem Glauben
an Jesus Christus leben,
in Menschen,
die durch Wort und Tat überzeugend
deine Liebe spürbar machen,
in Menschen,
die sich verbunden wissen mit allen
Geschwistern auf der ganzen Welt,
in Menschen,
die sich für den Frieden stark machen,
in Menschen,
die Freude und Leid, helle und dunkle
Stunden miteinander tragen,
in Menschen,
die sich Zeit nehmen
– für mich – für dich – für Gott!

unerhört gott

bleiben vieler meiner fragen
bleiben meine bitten
bleiben meine zweifel
bleiben meine gebete

ungesagt gott

gedanken die mut gemacht hätten
worte die hätten klären können
überlegungen, die mich weiter gebracht hätten
kritik die zu konsequenzen geführt hätte

unberührt gott

von der verletzung der menschenrechte
von der misshandlung vieler kinder
von der armut in unserem land
von der ausbeutung ausländischer
arbeiter und arbeiterinnen

unvorstellbar gott

der hunger in der welt
der hass die wut der krieg
die macht mancher menschen
die verschmutzung unserer umwelt

unglaublich gott

dein sohn jesus
das licht das unsere welt erwärmt
das brot das unsere hoffnung nährt
das wasser das unseren durst stillt
der frieden der alle welt umfängt

unvergessen gott

deine taten
deine liebe
dein leben
dein glauben

Gott

Du Urgrund und Ziel der Welt
Du unbegreiflicher Ferner
Und zugleich
Unbegreiflich nah

Jesus

Du im Abseits geborenes Kind
Du kennst unser Leben
Du teilst mit uns unser Leben
Höhen und Tiefen
Suchen
Du hast uns
Dein Gesicht gezeigt

Geist

Du energiegeladener Windstoß
Du drängst uns zum Leben
Lebst in uns
Mit uns und
Durch uns
Und verbindest
Uns zu Deiner
Kirche

Gemeinschaft

Du und ich und wir alle
Vertrauen und hoffen
Auf dich
Gott Vater
Sohn
Und
Geist

Mit Gott ist es

wie mit einem guten Freund
oder einer guten Freundin.

Wir reden miteinander,
damit wir uns verstehen.

Wir haben Zeit füreinander,
damit wir einander nicht vergessen.

Wir vertrauen einander,
denn gute Freunde sind zuverlässig.

Wir teilen miteinander,
das Lachen und das Weinen.

Wir verändern uns,
doch wir bleiben einander treu!

Gott geht mit uns
– mit dir und mit mir!
Das lässt uns alle leben –
miteinander und füreinander!

Gott,
du denkst ganz anders als wir Menschen.
Du stellst unsere Ordnung auf den Kopf.

Gott,
du handelst anders als wir Menschen.
Du fragst nicht, ob es sich auch lohnt,
etwas zu tun.

Gott,
du lenkst anders als wir Menschen.
Du siehst nicht nur in die eine Richtung.

Gott,
du siehst ganz anders als wir Menschen.
Du siehst mit einem offenen Herzen.

Gott,
du urteilst anders als wir Menschen.
Du verbindest Gerechtigkeit mit
Solidarität und Güte.

Gott,
du schenkst anders als wir Menschen.
Du denkst an alle und schließt keinen aus.

Jesus,

Du hast dich stark gemacht gegenüber
Ungerechtigkeiten,
damit wir Frieden erfahren.

Du hast den Hass ertragen,
damit wir deine Liebe spüren.

Du hast dich gefangen nehmen lassen,
damit wir frei sind.

Du hast dich töten lassen,
damit wir leben.

Du hast dich fallen gelassen,
damit wir gehalten werden.

Du hast Dunkelheit erlebt,
damit wir im Licht leben.

Du hast alle Schuld auf dich genommen,
damit wir Versöhnung erfahren.

Du hast dich zerstören und schlagen
lassen,
damit wir heil werden.

Du hast Menschen begeistert,
damit wir auch heute noch glauben.

Es gibt Augenblicke, wo jeder spürt

Jetzt sollte ich etwas sagen,
aber wer tut schon den Mund auf?

Es gibt Augenblicke, wo jeder spürt
Jetzt muss ich meine eigenen Erfahrungen machen,
aber wer nimmt schon gern Unbequemlichkeiten in Kauf?

Es gibt Augenblicke, wo jeder spürt
Jetzt kommt es auf dich an,
aber wer versucht schon etwas zu ändern?

Es gibt Augenblicke, wo jeder spürt
Jetzt musst du deinem Gewissen folgen,
aber wer schwimmt schon gerne gegen den Strom?

Es gibt Augenblicke, wo jeder spürt
Jetzt ist deine Meinung gefragt,
aber wer stellt sich schon gern gegen die Mehrheit?

Es gibt Augenblicke, wo jeder spürt
Hier wirst du gebraucht,
aber wer ist zum Helfen bereit?

Gott –
Wer bist du?

Bist du ein Mosaik,
aus vielen einzelnen Steinen
zusammengesetzt?

Bist du ein Buch,
in das es sich zu lesen lohnt?

Bist du wie der Wind,
von dem ich berührt werde?

Bist du meine Schwester,
mit der ich über alles reden kann,
der ich vertraue?

Bist du ein Spiegel,
in dem ich mich sehe und erkenne,
was ich tun soll?

Bist du eine Quelle,
aus der ich schöpfen kann,
wenn ich erschöpft bin?

Bist du eine wunderbare Musik,
die ich immer wieder höre,
die mir nicht aus dem Sinn geht?

Bist du ein Traum,
der nie wahr werden wird?

Bist du ein Regenbogen,
der mich mit dir verbindet?

Bist du die Kraft,
die mich leben lässt,
die mir Kraft gibt zum Leben?

Gott –
Wer bist du?

Gelegentlich

So ab und an
werden meine Pläne durchkreuzt
wird meine Welt auf den Kopf gestellt
ist nichts mehr so wie es einmal war
sieht alles dunkel und trübe aus

Dann möchte ich
Ja sagen können
voller Angst
voller Zweifel
voller Ungewissheit
Ohne zu wissen, was auf mich zukommt

Aber
Ja
Sagen!

Mein Gott

Alle wollen etwas
von mir
stürzen auf mich ein
stellen Forderungen
haben Erwartungen
tragen Fragen vor
teilen Probleme mit

Mein Gott
Hinzu kommen
Aus mir heraus
Meine
Erwartungen
Wünsche
Vorstellungen
Pläne
Ansprüche

Mein Gott
Ich habe das Gefühl
Ich falle
Keiner hält mich fest
Ich habe
Angst

Mein Gott
Was willst du

Hoffnung schenken

Wenn es eines gibt,
was die Welt braucht
immer und immer wieder,
dann ist es:
inmitten der Suche nach Sinn
Hoffnung erhalten, die trägt.

Wenn es eines gibt,
das für uns unverzichtbar ist
immer und immer wieder,
dann ist es:
das Leben gestalten
aus der Hoffnung heraus.

Wenn es eines gibt,
was Christen auszeichnen kann
immer und immer wieder,
dann ist es:
dass sie eine Hoffnung haben
und daraus leben können.

Wenn es eines gibt,
was Christen tun sollen
immer und immer wieder,
dann ist es:
aus ihrer Hoffnung heraus
Hoffnung weiter schenken.

Wenn es eines gibt,
was wir Christen tun können,
immer und immer wieder,
dann ist es:
vertrauen und glauben,
dass ER
unser Leben, unsere Hoffnung,
unser Frieden ist.

Ich habe Hunger und Durst auf Liebe:
auf einen Menschen, der Verständnis zeigt,
auf einen Menschen, der mutige Worte spricht,
auf einen Menschen, der für die Armen da ist,
auf einen Menschen, der mich nicht allein lässt.

Ich habe Hunger und Durst auf Liebe:
auf einen Menschen, der zu seinem Wort steht,
auf einen Menschen, der mir zuhört,
auf einen Menschen, der mich nimmt, wie ich bin,
auf einen Menschen, der mir meine Angst nimmt.

Ich habe Hunger und Durst auf Liebe:
auf einen Menschen, der Zeit für mich hat,
auf einen Menschen, der gern mit mir zusammen ist,
auf einen Menschen, der Freude und Hoffnung ausstrahlt,
auf einen Menschen, der mich begleitet.

Ich habe Hunger und Durst auf Liebe:
auf einen Menschen, der von Gott erzählt,
auf einen Menschen, der Leben und Glauben mit mir teilt,
auf einen Sinn für mein Leben.

Ich habe Hunger auf ewiges Leben.
Gott, stille meinen Durst auf Freude, Frieden, Freiheit.
Gott, stille meinen Hunger auf das Brot,
das ewiges Leben schenkt.

Herr, bleibe bei uns

Wenn wir enttäuscht die Flucht
ergreifen
Wenn die Angst uns lähmt
Wenn die Dunkelheit uns zu
verschlingen droht
Wenn uns die Schuld bedrückt

Herr, bleibe bei uns

Wenn Sorgen und Nöte uns quälen
Wenn wir keine Kraft mehr haben
Wenn wir die Perspektive aus dem
Blick verlieren
Wenn alle Hoffnungen sich
zerschlagen

Herr, bleibe bei uns

Wenn wir uns nach Liebe und
Zuwendung sehnen
Wenn wir uns verraten und verkauft
fühlen

Wenn unser Vertrauen enttäuscht
wurde
Wenn unsere Pläne sich in Luft
auflösen

Herr, bleibe bei uns

Und stärke uns
Und führe uns
Und halte uns
Und beschütze uns

Herr, bleibe bei uns

Darauf bauen wir
Darauf vertrauen wir
Darauf hoffen wir

Herr, bleibe bei uns

Jetzt
Heute
Morgen

Gott

So bin ich:
Ich rede mit dir
Und lasse dich fallen
Ich bitte dich
Und danke dir nicht
Ich flehe dich an
Und nutze dich aus
Ich nähere mich dir
Und entferne mich wieder
Ich brauche dich
Und vergesse dich
Ich vertraue dir
Und ängstige mich
Ich rede von dir
Und fühle mich verlassen

Ich suche deine Freundschaft
    Und mache dich lächerlich bei
    meinen Freunden

Ich trete ein für Solidarität und Frieden
    Und denke nur an mich und meine
    Vorteile

Ich engagiere mich für eine gerechtere Welt
    Und vergesse meinen Nächsten

Ich suche dich
    Und manchmal spüre ich dich auf
    Du bist da
    Immer und überall

So bist Du:

Gott

Dunkelheiten

Meine engen Grenzen

Manchmal würde ich am liebsten sagen:
Bleibt mir bloß vom Leib.
Lasst mich in Ruhe.
Haut ab.

Ich habe Angst, jemanden nahe an mich
herankommen zu lassen.
Mich versteht ja doch keiner.
Da bleib ich lieber allein.

Und doch:
Eigentlich sehne ich mich nach Nähe.
Ich wünsche mir Menschen in meiner Nähe,
die mich mögen,
die mich verstehen,
die einfach da sind.
Ich möchte raus aus meinem Käfig.
Wenn mich nur jemand richtig verstehen
würde.

Immer wieder geschieht

das unfassbare
das unbegreifliche

aus der traum
knallhart
unbarmherzig
unverständlich
nicht zu glauben

und wir stehen da
geschockt
fassungslos
stumm

nichts ist mehr wie vorher
alles scheint
seinen Sinn zu verlieren
die welt
erscheint in einem trüben licht
keine freude
kein lachen
keine perspektive

warum lässt ER das zu
musste das sein
diese fragen bleiben
unbeantwortet

leben
heißt
von nun an
leben
bei dir

Im Zeichen des Kreuzes

Sind wir uns begegnet
Im Zeichen des Kreuzes
Haben wir viele intensive Gespräche
geführt
Im Zeichen des Kreuzes
Hörst du meine Fragen und Zweifel
Im Zeichen des Kreuzes
Nimmst du mich mit meinen
Unsicherheiten an
Im Zeichen des Kreuzes
Stellst du Fragen, Anfragen
Im Zeichen des Kreuzes
Glaube ich an die Menschlichkeit
Im Zeichen des Kreuzes
Hoffe ich das deine Botschaft siegt
Im Zeichen des Kreuzes
Begleitest du uns
Im Zeichen des Kreuzes
Glaube hoffe und liebe ich
Im Zeichen des Kreuzes
Führst du mich durch mein Leben
Im Zeichen des Kreuzes
Führt mein Weg zum Leben
Im Zeichen des Kreuzes
Gehen wir auseinander
Im Zeichen des Kreuzes
Leben wir miteinander
Du Gekreuzigter

Gestern warst Du noch bei uns
Mit Deinem Lachen
Mit Deiner Freude
Mit Deinem Elan
Mit Deiner Offenheit

Heute bist Du bei uns
In unseren Tränen
In unseren Fragen
In unserer Verzweiflung
In unserer Trauer

Morgen wirst Du bei uns sein
In Erinnerungen
In Erzählungen
In unseren Herzen
In unserem gemeinsamen Glauben

Das Kreuz –

da steht es plötzlich vor einem –
unerwartet, unbegreiflich.
Dieser Unfall.

Das Kreuz –

da tauchen plötzlich Fragen auf,
die erst einmal unbeantwortet bleiben:
Warum?
Warum gerade jetzt?

Das Kreuz –

wir blicken auf zerstörten Lebenspläne,
wir sehen nur noch Dunkelheit,
wir erfahren unsere eigenen Grenzen.

Das Kreuz –

Das heißt gerade achtzehn geworden
und nun dieser schwere Unfall,
das heißt, die eigene Begrenzung erfahren,
das heißt, Angst, Leid und
Nichts-machen-Können,
das heißt, auf Gott vertrauen.

Das Kreuz –

das Ende und der Anfang.

Das Kreuz –

das große Zeichen für Gottes
unbedingte, grenzenlose Liebe zu uns!
Du hast es getragen.
Du, unsere liebe Freundin.

Unterwegs nach Emmaus

Unser Emmaus liegt in unbekannter
Entfernung:
hinter einem unausweichlichem Krebsbefund,
neben einer zerbrochenen Beziehung,
an der Kreuzung eines jungen Lebens,
vor einem langen Leiden,
nach einem schrecklichen Verkehrsunfall,
irgendwo
an einer verlassenen Wüstenstraße.

Viele, Herr,
viele von uns
sind unterwegs –
verzweifelt,
verstummt,
nichts mehr sagen könnend,
Tränen in den Augen,
in Gedanken an gestern:
wo wir gemeinsam gefeiert haben,
uns gefreut haben.
Viele sind unterwegs nach Emmaus.

Viele, Herr,
viele von uns
sind unterwegs –
fragen nach dem Warum?
Sehen keinen Sinn
Machen sich Vorwürfe
Hätte ich doch!
Wäre ich doch!
Warum jetzt?
Viele sind unterwegs nach Emmaus.

Viele, Herr,
viele von uns
sind unterwegs –
denken an morgen,
leiden,
alles scheint durchkreuzt zu sein,
hoffen auf Heilung und Gesundung.
Viele sind unterwegs nach Emmaus.

Viele, Herr,
viele von uns
sind unterwegs –
niedergeschlagen,
sprachlos,
keine Kraft,
keine Hoffnung,
keinen Lebenswillen mehr.
Viele sind unterwegs nach Emmaus.

Viele, Herr,
viele von uns
sind unterwegs –
beten gemeinsam,
glauben,
hoffen,
sind unterwegs
im Vertrauen darauf,
dass du mit uns gehst.

Auferstehung

Da war noch einer,
der war anders,
der wollte nicht groß herauskommen,
nein, der machte sich klein und diente
für mich, für dich, für uns.

Da war noch einer,
der ist für mich Brot und Wein,
Licht und Leben,
Freude und Hoffnung,
Bruder und Mensch und Gott.

Da war noch einer,
der ließ sich nicht festnageln,
der nagelte niemanden fest,
der stand zu seinem Wort,
der starb für seine Worte.

Da war noch einer,
der durchkreuzte unser Leben,
der ist da mit seiner Liebe,
da, wo der Tod das Leben durchkreuzt,
der schenkt Leben, Licht
und Hoffnung in Fülle.

Da war noch einer,
der ist tatsächlich auferstanden,
unglaublich, unbegreiflich, unfassbar!
Da war noch einer – Jesus von Nazaret.

Ich trage es

Dieses kleine Kreuz
Es liegt vor mir
Dieses kleine Kreuz
Es hängt in meinem Zimmer
Dieses kleine Kreuz
Ich habe es immer vor Augen
Dieses kleine Kreuz
Es gehört zu mir
Dieses kleine Kreuz

Du hast es getragen
Dieses Kreuz
Du hast es für uns getragen
Dieses Kreuz
Du hast
Dich festnageln lassen
Dich anbinden lassen
Dich kreuzigen lassen

Dieses Kreuz
Es ist da im Leben
Dieses Kreuz
Es steht unausweichlich vor mir
Dieses Kreuz
Vor dem ich nicht weglaufen kann
Dieses Kreuz

Dieses Kreuz
Das auch du getragen
Es macht mir Mut
Meinem eigenen Kreuz zu begegnen

Wenn wir nur gewusst hätten,

wie sehr du uns fehlen würdest,
hätten wir dir gesagt,
immer wieder, jeden Tag aufs Neue,
wie sehr wir Dich brauchen.

Wenn wir nur geahnt hätten,
wie traurig und verzweifelt
wir sein würden,
hätten wir vielleicht
mehr gelacht und
unsere Freude miteinander geteilt.

Wenn wir gespürt hätten,
wie wichtig dein Platz in unserer
Gemeinschaft war,
hätten wir mehr gemeinsam
unternommen
und dir so ab und zu ein Danke gesagt.

Wenn uns jemand gesagt hätte,
wie viele Fragen offen bleiben würden,
wie wenig wir eigentlich voneinander
wussten,
hätten wir mehr von uns erzählt.

Wenn uns klar gewesen wäre,
wie kurz du mit uns zusammen sein würdest,
hätten wie die Zeit besser genutzt.

Wenn es nicht die Hoffnung gäbe,
dass der Tod nicht das letzte Wort hat,
und du uns immer nahe sein wirst,
hätte unser Glaube keinen Sinn.

Gesegnet seien alle,
die uns jetzt nicht ausweichen.
Dankbar sind wir für alle,
die uns einmal zulächeln
und uns ihre Hand reichen,
wenn wir uns verlassen fühlen.

Gesegnet seien die,
die uns immer noch besuchen,
obwohl sie Angst haben,
etwas Falsches zu sagen.

Gesegnet seien alle,
die uns erlauben,
von Marina zu sprechen.
Wir möchten unsere Erinnerungen
nicht totschweigen.
Wir suchen Menschen,
denen wir mitteilen können,
was uns bewegt.

Gesegnet seien alle,
die uns zuhören,
auch wenn das,
was wir zu sagen haben,
sehr schwer zu ertragen ist.

Gesegnet seien alle,
die uns nicht ändern wollen,
sondern geduldig so annehmen,
wie wir jetzt sind.

Gesegnet seien alle,
die uns trösten und uns zusichern,
dass Gott da ist –
in Menschen,
mit Menschen,
durch Menschen.

Gott, wo bist du?

Hast du nicht gesagt:
Ich bin bei euch alle Tage?
  Ich denke an
  meine erfolglosen Bewerbungsversuche
  an die gescheiterten Beziehungen
  an die schlaflosen Nächte
  an den Unfalltod einer guter Freundin
  an die vielen Drogenabhängigen
  an die Suchtkranken
  an meine Isolation und Einsamkeit
Ich habe Angst
vor der Ungewissheit
vor der Zukunft
vor Enttäuschung
vor mir selbst
Gott, wo bist du?
  Höre ich dich?
  Sehe ich dich?
  Spüre ich dich?
Gib mir ein Zeichen
Lass mich dich erfahren
Mache dich bemerkbar
Teile dich mir mit

Herr, ich habe Angst

Angst vor Krankheit
Angst vor Unheil
Angst vor dem Alleinsein
Angst vor dem Versagen
Angst vor Nähe
Angst vor Ablehnung
Angst vor dem Verlassenwerden
Angst vor Anfeindungen
Angst vor der Zukunft
Angst vor Sinnlosigkeit
Angst vor dem Alter
Angst vor dem Abstieg
Angst vor dem Tod

Spuren

Spuren, die Welt ist voll davon.
Du hinterlässt sie.
Ich hinterlasse sie.
Gewollt.
Ungewollt.

Spuren
Worte, die noch nachklingen.
Lieder, die noch zu hören sind.
Lachen, das nicht vergessen wird.

Spuren in unserm Herzen:
Vielleicht waren es:
Gefühle der Freundschaft,
der Verbundenheit.
Vielleicht waren es:
Besondere Begegnungen oder
Erlebnisse.

Liebenswerte Eigenarten, Wärme,
Fröhlichkeit, Power, Elan,
Aufrichtigkeit, Lebensfreude,
die Ausstrahlung.
Vielleicht waren es:
Der Glaube und die Zuversicht,
Dankbarkeit, Freude.

Spuren,
die Fragen aufkommen lassen,
die unbeantwortet bleiben.
Worte, Gegebenheiten,
die nicht mehr rückgängig zu machen sind.

Spuren,
die uns in der Trauer deutlicher und
bewusster werden.
Deine Spur wird nicht so schnell verblassen.
Und irgendwann – so hoffen wir –
werden wir sie wieder aufnehmen dürfen.

Auferstehung

Das Leben
Die Liebe
Gott
Gewinnt
Mitten im Dunkeln
Leise und unauffällig
Ohne Zuschauer und Fernsehshow
Nicht einmal die besten Freunde
Haben es mitbekommen

Auferstehung
Geschieht in mir
Mitten in meinem Dunkel
Mitten in meiner Angst
Mitten in meiner Einsamkeit
Wenn
Der Mut die Angst überwindet
Die Hoffnung größer ist als die
Verzweiflung
Die Dunkelheit
Zur Dämmerung wird

Auferstehung
Wenn ich
Mitten im Dunkel
Dem Leben traue
Schritte wage
Manchmal ganz allein
Manchmal ins Ungewisse hinein

Auferstehung
Der Versuchung widerstehen
Liegen zu bleiben
Sondern
Aufzustehen
Aufzubrechen
Durch das Dunkel
Durch die Dämmerung
Dem Licht entgegen
Zum Leben

Leben

Zukunft

Veränderung
Wandlung
Wachstum
Umkehr

Braucht Zeit
Geschieht
Passiert

Unterwegs auf neuen Wegen
Bin ich
Ich will wachsen
Alleine
Ich brauche Raum und Zeit
Um herauszufinden
Was in mir ist
Und die Zeit
Wird mir eine Antwort geben ...

Auf dem Weg sein ...

Auf dem Weg sein,
woher weiß ich, ob es der richtige Weg ist?
Entscheidungen des Lebens als Kreuzungen –
Entscheide ich mich richtig?
Zeigst du mir den Weg?
Wer wird mich begleiten?
Sind meine Freunde wahre Freunde?
Wohin wird mich mein Weg führen?

Gott,
öffne mir die Augen und
lass mich den Weg erkennen,
den du mir zeigst.
Öffne mir die Ohren
für die wirklich wichtigen Dinge
in meinem Leben.
Öffne meinen Mund,
damit ich immer wieder
ein Wort des Dankes sprechen kann.

Zukunft

Optimistisch in die Zukunft schauen
und dabei auf Gott vertrauen!
Für Toleranz und Nächstenliebe,
für Gerechtigkeit und Frieden
eintreten, sich stark machen,
auf den Anderen achten.
Lieber auf Gemeinsamkeiten setzen
als andere durch Gegensätze zu verletzen.
Dies ist für die Zukunft mein Gedanke,
wofür ich mich bei dir – Gott – bedanke!

Was zählt

Ist wie einer mit dem Anderen umgeht
Ist wie miteinander gesprochen wird
Ist wie du dich stark machst für den
Anderen

Was zählt
Ist ob Gott in deinem Leben eine Rolle
spielt
Ist ob du auf dich achtest
Ist ob du Platz hast für deinen Nächsten,
für Gott

Was zählt
Ist wie du dich abhebst von der gängigen
Meinung
Ist wie du gegen Unrecht aufschreist
Ist wie du Verantwortung übernimmst

Was zählt
Ist was du wirklich denkst
Ist dein Mitgefühl
Ist deine Zivilcourage

Was zählt
Sind deine Fragen
Sind deine Zweifel
Sind deine Gebete

Was zählt
Ist dein Engagement
Ist dein Glauben
Ist dein Leben

Was zählt
Das bist du
Du

Es gab eine Zeit:

Paulus änderte sein Leben radikal
Für dich
Andreas ließ alles hinter sich
Für dich
Maria sagte vorbehaltlos Ja
Für dich

Es gab eine Zeit:

Maximilian Kolbe gab sein Leben hin
Für dich
Edith Stein ging den Weg
Für dich
Bischof Oscar Arnulfo Romero setzte sich für die Rechte der Armen ein
Für dich
Dietrich Bonhoeffer kämpfte
Für dich

Es gab eine Zeit:
Sie übernimmt die Hausaufgabenbetreuung
der ausländischen Kinder – umsonst
Für dich
Er engagiert sich für eine gerechtere
Verteilung der Güter
Für dich
Sie bezieht Stellung, steht zu ihrem Wort,
tritt ein
Für dich
Er bekennt Farbe, hält sich nicht raus,
schwimmt gegen den Strom
Für dich

Es gibt eine Zeit:
Da bin ich gefragt
Da bist du gefragt
Ohne Wenn und Aber!

Aufbruch – Ausbruch

Vergangenes anschauen
Höhen und Tiefen
Freude und Trauer
Erleichterung und Wehmut
    Verabschieden
    Loslassen
    Losgehen
    Unterwegs bleiben
Und
Neues
Kann beginnen
    Wünschen
    Sehnen
    Entscheiden
    Hoffen
Zueinander finden
Sich annähern
Zusammenwachsen
    Begegnung
    Beziehung
    Vertrauen
Hier und Jetzt
Leben
Lieben
Sein dürfen
Wertvoll sein
    Aushalten
    Leiden
    Berührt sein
Stummer Widerstand
Leises Hoffen
Sehnendes Suchen

Schweigendes Erwarten
Sprechende Stille
Rastlose Verunsicherung
Kraftvolles Aufbegehren
Lebendiges Leben
    Hoffnung
    Sehnsucht auf
    Nähe
    Geborgenheit
    Zuwendung
Bereit sein
Offen sein
Wach sein
    Ein neues Jahr
    Ein neuer Anfang
    Ein neues Ziel
Wer weiß
Was es uns bringt
An Alltäglichen
An Höhepunkten
    Es ist Zeit
    Leben zu spüren
    Liebe zu leben
Riskieren
Entscheiden
Wagen
Mauern zu brechen
Gefängnisse zu verlassen
Türe und Tore zu öffnen
    Aus-brechen
    Auf-brechen
    Zum Leben

Leben

Einmal wieder leben
Einmal wieder tief durchatmen
Einmal wieder haltmachen
Einmal wieder mit sich ins Reine kommen
Einmal wieder Bilanz ziehen vor Gott
Einmal wieder ausruhen
Einmal wieder träumen
Einmal wieder Abstand gewinnen
Einmal wieder verdauen und verarbeiten
Einmal wieder spüren was wirklich wichtig ist
Einmal wieder loslassen und aufbrechen
Einmal wieder danken und beten
Einmal wieder schauen und hören
Einmal wieder riechen und schmecken
Einmal wieder tasten und fühlen
Einmal wieder
Einmal wieder leben
Das sollten wir tun
Um des Menschen
Und um Gottes Willen

komm gott

komm
in unsere dunkelheit
in unsere schwarze nacht
in unser suchendes herz
in unser denken und zweifeln

komm gott
komm
mit licht und bunten farben
mit blitz und donner
mit begeisterung und freude

komm gott
komm
durch die verriegelte tür
durch das verschlossene herz
durch die enge passage meiner gedanken

komm gott
komm
stärke meinen glauben
sprenge meine eingefahrenen meinungen
breche auf mein starres leben
reiße nieder die mauern der vorurteile
entfalte meine fähigkeiten und talente

komm gott
komm
schenke mir leben
neues leben
ewiges leben

Ich möchte
sehen lernen,
wo ich bisher meine Augen verschlossen habe,
wohin ich einfach nicht sehen wollte.

Ich möchte
hören lernen,
was ich bisher von mir wies,
wo ich mich taub gestellt habe.

Ich möchte
spüren lernen,
was ich bisher verdrängte,
nicht an mich herankommen lassen habe.

Ich möchte
sagen lernen,
was ich bisher ängstlich zurückhielt,
wo ich keinen Mut hatte, meinen Mund zu öffnen.

Ich möchte
Schritte wagen,
wo ich bisher gefangen war,
wo ich sonst nur Mitläufer war.

Ich möchte
entdecken lernen,
was in mir steckt,
was ich wirklich will.

Ich möchte
wachsen,
menschlicher werden,
ganz sein, eins sein
mit mir, mit dir.

Bei der Arbeit

Wird über einen Kollegen abwertend
gesprochen
Jeder weiß etwas anderes
Und
Damit will ich nichts zu tun haben

In der Schule

Wird Stimmung gegen einen Mitschüler
gemacht
Er wird provoziert, bloßgestellt,
ausgestoßen
Und
Damit will ich nichts zu tun haben

Im Ferienlager

Wird jemand abgestempelt, ausgelacht
Alle haben ihren Spaß
Und
Damit will ich nichts zu tun haben

Auf der Fete
Wird getrunken bis zum Umfallen
Je mehr umso cooler
Und
Damit will ich nichts zu tun haben

In der Gruppenstunde
Wird Kirche, Glaube, Gott schlecht gemacht, verurteilt
Angegriffen, heruntergemacht, zerpflückt
Und
Damit will ich nichts zu tun haben

Im Miteinander
Wird Vertrauen missbraucht, Andersartigkeit unterdrückt
Alle machen mit
Und
Damit will ich nichts zu tun haben

Frieden

Frieden

Gerechtigkeit

Gewaltlosigkeit

Peace

Glaube

Kompromiss

Solidarität

Nächstenliebe

Schalom

Vernunft

Verständigung

Waffenstillstand

Versöhnung

Frieden

Frieden

Verständigen
Ausgleichen
Verzeihen
Versöhnen
Vertragen

Toleranz
Verständnis
Respekt
Courage
Gerechtigkeit

Hass überwinden
Fehler eingestehen
Rücksicht nehmen
Freude machen

Einsetzen
Vergeben

Die Wahrheit sagen
Den Glauben bringen
Die Hoffnung wecken
Licht in die Finsternis tragen

Verstehen
Vertrauen
Lieben

Um des
Lieben
Friedens

Jesus, wir sehnen uns nach Frieden

Jesus, wir sehnen uns nach Gerechtigkeit
Jesus, wir sehnen uns nach Selbständigkeit
Jesus, wir sehnen uns nach Freiheit
Jesus, erfülle diese unsere Sehnsüchte

Jesus, wir sehnen uns nach Leben
Jesus, wir sehnen uns nach Glück
Jesus, wir sehnen uns nach Freude
Jesus, wir sehnen uns nach Treue
Jesus, erfülle diese unsere Sehnsüchte

Jesus, wir sehnen uns nach einer guten Zukunft
Jesus, wir sehnen uns nach Heilung
Jesus, wir sehnen uns nach der Wahrheit
Jesus, wir sehnen uns nach Versöhnung
Jesus, erfülle diese unsere Sehnsüchte

Jesus, wir sehnen uns nach Gemeinschaft
Jesus, wir sehnen uns nach guten Gesprächen
Jesus, wir sehnen uns nach Freunden
Jesus, wir sehnen uns nach einem friedvollen Miteinander
Jesus, erfülle diese unsere Sehnsüchte

Jesus, wir sehnen uns nach Nähe
Jesus, wir sehnen uns nach Trost
Jesus, wir sehnen uns nach Geborgenheit
Jesus, wir sehnen uns nach Liebe
Jesus, erfülle diese unsere Sehnsüchte

Manchmal geschieht es,
dass Menschen gut zu anderen sind
und füreinander sorgen. –
Darin zeigt sich etwas von Gott.

Manchmal geschieht es,
dass Menschen einen Streit beenden
und sich wieder vertragen. –
Darin zeigt sich etwas von Gott.

Manchmal geschieht es,
dass Menschen sich einsetzen für
Schwächere,
die am Rande unserer Gesellschaft
stehen. –
Darin zeigt sich etwas von Gott.

Manchmal geschieht es,
dass Menschen teilen und verzichten,
damit es anderen besser geht. –
Darin zeigt sich etwas von Gott.

Manchmal geschieht es,
dass Menschen Worte sprechen,
die andere trösten und Mut machen. –
Darin zeigt sich etwas von Gott.

Manchmal geschieht es,
dass Menschen sich zum
gemeinsamen Gebet versammeln. –
Darin zeigt sich etwas von Gott.

Manchmal geschieht es,
dass Menschen einfach da sind und
sich verbunden wissen. –
Darin zeigt sich etwas von Gott.

Manchmal geschieht es,
dass Menschen gemeinsam vom
Frieden träumen. –
Darin zeigt sich etwas von Gott.
Du friedvoller Gott,
zeige dich uns immer wieder
und lass uns deine Nähe spüren.

Dein Friede möge auf uns herabkommen.
Dein Friede möge uns erfüllen.
Dein Friede möge uns unruhig machen.
Dein Friede möge uns sehnsüchtig machen.
Dein Friede möge Antwort auf unsere
Fragen sein.
Dein Friede möge uns Mut zum
Anderssein geben.
Dein Friede möge uns aufrütteln aus
unserer Starrheit.
Dein Friede möge zu unserer
Verständigung beitragen.
Dein Friede möge uns Vertrauen lehren.
Dein Friede möge uns auf die Suche
schicken.
Dein Friede möge unser Herz ergreifen.
Dein Friede möge zerrüttete Beziehungen
heilen.
Dein Friede sei an allen Tagen mit uns.
Dazu segne du uns,
du friedvoller Vater,
du friedenstiftender Sohn,
du friedliebender heiliger Geist.
Amen.

Jesus, „Friedensfürst" wirst du auch genannt.

Hilf du uns, Gerechtigkeit und Frieden zu schaffen:
Wo ein klärendes Gespräch nötig ist
Wo Andersdenkende ausgeschaltet werden
Wo sich Gleichgültigkeit breit macht
Wo wir sagen oder denken: Ich kann doch nichts tun
Wo wir die Augen vor den Problemen der Welt verschließen
Wo wir ungerecht die Chancen verteilen
Wo sich wortlose Gewalt breit macht
Wo wir Unterschiede machen zwischen Fremden und uns
Wo wir an Mauern und Grenzen stoßen
Wo unser Einsatz gefordert ist
Wo wir einander keinen Blick mehr würdigen
Wo Gewalt und Menschenverachtung herrschen
Wo Menschen nur noch an sich denken
Wo Menschen sich aus dem Weg gehen

Lass den Frieden wachsen

Jesus, du hast es uns mit deinem Leben gezeigt:
Du, der du am Kreuz noch vergibst
Du, der du niemanden fertigmachst
Du, der du uns aufforderst,
die Feinde zu lieben
Du, der du uns deinen Frieden wünschst
Du, der du Petrus zurechtweist, weil er zum Schwert greift
Du, der du voll Mitleid
mit den Menschen bist
Du, der du um unser Leben besorgt bist
Du, der du gekommen bist,
um allen Menschen Frieden zu bringen.

Lass den Frieden wachsen

In der ganzen Welt
In den Herzen der Menschen
In unseren Familien und unserem Freundeskreisen

Wenn Hass aufkommen will
Wenn ich zurückschlagen will
Wenn Kriege drohen
Wenn Menschen schlecht übereinander reden.

Lass den Frieden wachsen
Überall, wo Menschen sich wegen Kleinigkeiten nicht mehr anschauen
Überall, wo Unversöhnlichkeit zu spüren ist
Überall, wo ich nicht nachgeben kann
Überall, wo ich am Unfrieden beteiligt bin
Wo mein Frieden mit dir gestört ist
Wo mein Glaube schwach geworden ist
Wo meine Beziehung zu dir oberflächlich ist
Wo ich dazu beitrage, dass der Friede gestört wird
Wo ich selber keinen Frieden in mir finde.

Gott, gib Frieden in unseren Tagen!

Krieg
Krieg ist so unsinnig!
Er zerstört das Leben, er verletzt Menschen,
er reißt tiefe Wunden.
Bilder von Gewalt, Krieg und Terror sind uns im Kopf.
Uns allen machten die brennenden Türme des World Trade Centers beklemmend begreifbar, wie verletzlich Friede ist. Die Tage unmittelbar nach der Katastrophe zeigten aber auch, dass Menschen aller Länder, Hautfarben und
Religionen eine tiefe Friedenssehnsucht eint.

Frieden
Frieden ist so unendlich wertvoll.
Im Ruf nach Frieden spricht sich die Sehnsucht nach einer Welt aus, in der die Feindschaften abgebaut sind und alle Menschen in Freiheit und Gerechtigkeit zusammenleben können.

Gott, gib Frieden in unseren Tagen!
Sehen wir dem Frieden ins Auge,
nehmen wir Augen-Blicke des Friedens wahr,
geben wir Friedenserfahrungen weiter.

Danken

Danke

Nur ein kleines Wort.
Ein Wort unter vielen.
Kein Fremdwort.
Uns allen bekannt.

Und doch so schwer,
es auszusprechen,
es anzunehmen,
es weiterzugeben.

Oft vergessen,
oft verpasst,
oft versäumt.

Und doch.
Ein unendlich wichtiges Wort.
Manchmal ist es wie ein
Sonnenstrahl nach
einem Regentag.
Wie eine Brücke,
die Menschen
miteinander verbindet.

Ein kleines Wort
mit großer Wirkung.
Durch dieses Wort
wird unsere Welt
lebenswerter,
liebenswerter.
Danke

Gott, ich möchte mich bedanken:

Danke
Für meine Familie!
Für meine Freunde!
Für meine Gesundheit!
Für mein Zuhause!
Für die Schönheit der Natur!
Für meine Clique!

Ich sage Danke:

Danke
Für meine Fähigkeiten!
Für meine Gesundheit!
Für meine Kreativität!
Für meine Originalität!
Für meine Talente und Begabungen!

Gott, ich danke auch:

Danke
Für die dunklen Stunden.
Für die traurigen Zeiten.
Für die schmerzvollen Erlebnisse.
Für die Tage voller Einsamkeit.

Denn diese Zeiten
lassen mich im Nachhinein erkennen,
wie dankbar ich für alles sein kann,
lassen mich nicht vergessen,
dankbar zu bleiben.

Ich möchte dir danken,
dass du wie ein guter Freund zu mir bist.

Ein guter Freund, der mich tröstet,
wenn ich traurig bin.

Ein guter Freund, der mir Mut macht,
wenn ich nicht mehr weiterweiß.

Ein guter Freund, der auch dann zu mir hält,
wenn ich Fehler gemacht habe.

Ein guter Freund, der sich mit mir freut,
wenn es mir gut geht.

Ein guter Freund, der da ist,
wenn Krankheit mein Leben verdunkelt.

Danke,
dass Du mein Freund sein willst,
der immer für mich da ist,
zu dem ich jederzeit kommen darf.

Danke,
dass Du immer bei mir bist.

Danke

Die Zeit vergeht langsam, schleppend
oder wie im Flug, je nachdem,
wie wir uns fühlen.

Gott, du begegnest uns
im Anderen, der uns hilft,
der Zeit, Leben und Arbeit teilt,
der mit uns auf dem Weg ist
oder uns herausfordert –
während wir froh sein dürfen
oder uns sorgen.
Dafür bedanke ich mich!
Und dafür,
nicht allein sein zu müssen –
auf meinem Lebens- und Glaubensweg.

Danke, den vielen Menschen,
denen ich begegnen durfte
und die mit mir eine weite
Wegstrecke gegangen sind.
Danke all den Menschen,
den Kollegen und Kolleginnen,
mit denen ich mich verbunden fühle!
Diese Wegstrecke werde ich
nicht vergessen!

Da gibt es so vieles, wofür wir danken könnten:
Für die Zeit, die wir uns gegenseitig schenken.

Da gibt es so vieles, wofür wir danken könnten:
Für die Begegnungen, die wir tagtäglich erleben.

Da gibt es so vieles, wofür wir danken könnten:
Für jeden erlebten Tag mit seinen Freuden, Höhen und Tiefen.

Da gibt es so vieles, wofür wir danken könnten:
Für die Freunde, die uns zeigen, wie wichtig wir sind.

Da gibt es so vieles, wofür wir danken könnten:
Für die Kolleginnen und Kollegen, mit denen wir täglich
viele Stunden zusammenarbeiten.

Da gibt es so vieles, wofür wir danken könnten:
Für die Menschen, die uns mit ihrem Optimismus und
ihrer Begeisterung anstecken, die Freude verbreiten.

Da gibt es so vieles, wofür wir danken könnten:
Für all die Menschen, mit denen und in denen wir,
guter Gott, deine Nähe und Liebe spüren.

Gedanken

Des Friedens
Der Freude
Der Liebe
Der Freiheit

Denken

An die Menschen,
die sich hassen und streiten
An die Menschen,
die unter Hunger und Not leiden
An die Menschen,
denen das Nötigste zum Leben fehlt
An die Menschen, die ohne Arbeit sind
An die Menschen, die keinen Sinn sehen

Nachdenken

Über mein Leben
Über meine Ziele und Wünsche
Über meine Zukunft
Über meinen Glauben

Danken

Für all die lieben Freunde
Für den ermunternden Blick
Für die Zuwendung
Für die tröstenden Worte
Für alle, die mir vertrauen

Gedanklich

Verbunden sein mit meinen Freunden
Verbunden sein mit den Menschen in meiner Nähe
Verbunden sein mit den vielen Fremden
Verbunden sein mit Menschen, die ganz anders sind
Verbunden sein mit Dir

Gedenke

Dass du einmalig bist
dass du wertvoll bist
dass du wichtig bist
dass du
ein Gedanke
Gottes bist

Herr, unser Gott!
Wir danken dir für dein Brot.
Es hilft uns auf unserer Reise zu dir.
In seiner Kraft können wir
das Miteinander neu versuchen.

Herr, unser Gott!
Wir danken dir für dein Wort.
Es zeigt uns den Weg zu
einem gelingendem Leben.
Deine froh machende Botschaft
schenkt uns Freude
und stärkt unseren Glauben.

Herr, unser Gott!
Wir danken dir für deine Freundschaft.
Dir können wir vertrauen.
Mit dir können wir sprechen wie mit einem
guten Freund.

Herr, unser Gott!
Wir danken dir für dein Licht.
Du schenkst uns viel Gutes und Schönes.
Du lädst uns ein,
ein Ton, eine Melodie von dir zu sein.

Herr, unser Gott!
Wir danken dir für deine Liebe.
Wir haben dein Versprechen:
Ich bin bei euch an allen Tagen eures Lebens.

Namenstag

Namenstag

Heilig sei sein Name
Heilig sei dein Name
Heilig sei sein Name – weil er dich trägt
Heilig sei dein Name – weil du ihn trägst
Heilig seist du –
weil du sein Licht scheinen lässt
Heilig sei er – weil sein Licht scheint
In deinem Leben
 – in meinem Leben –
im Leben aller Menschen,
die seinen Namen tragen!

Ich wünsche
uns eine
Kirche,
in der Frauen, Männer, Kinder und
Jugendliche
miteinander reden – nicht übereinander;
keine Masken tragen;
glaubwürdig und echt leben;
begeistert
aus dem Glauben an Jesus Christus leben;
sich verbunden wissen
mit allen Geschwistern auf der ganzen Welt;
niemanden verurteilen und ausstoßen;
Verantwortung tragen;
Heimat und Geborgenheit finden;
gemeinsam auf dem Weg sind;
aufbrechen, sich einmischen, mitwirken;
sich einsetzen für den Frieden in der Welt;
sich Zeit nehmen – für mich – für dich – für
Gott!

Ich wünsche uns eine
Kirche

....

An dieser Kirche baue ich mit!